"IL Y A DEUX HISTOIRES ; L'HISTOIRE OFFICIELLE, MENTEUSE, PUIS L'HISTOIRE SECRÈTE, OÙ SONT LES VÉRITABLES CAUSES DES ÉVÈNEMENTS..."

HONORÉ DE BALZAC

LA LOGE NOIRE

MAKYO-ABÉCASSIS GEMINE

QUMRAN

II ▴ Le Rouleau de la Femme

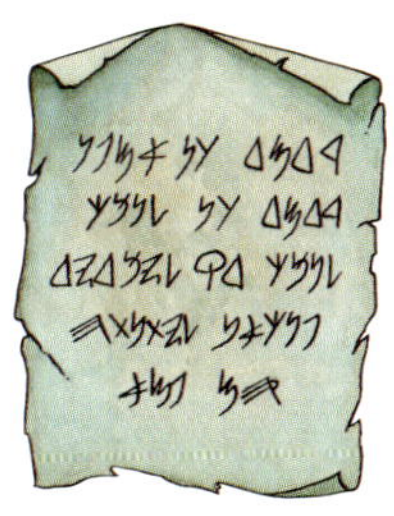

Quiconque s'est jamais avisé de spéculer sur ces quatre choses :
Qu'y a-t-il au-dessus ?
Qu'y a-t-il au-dessous ?
Qu'y avait-il avant le monde ?
Qu'y aura-t-il après ?
Il aurait mieux valu pour lui qu'il ne fût pas né.

Talmud de Babylone, Haguigah, 11 b.

Glénat

DANS LA MÊME COLLECTION :

LES CHASSEURS DE RÊVES
Arnaud / Ferry
Tome I. **Émilie et Liam**
Tome II. **Les Chats**

LA DERNIERE PROPHÉTIE
ChailletO
Tome I. **Voyage aux Enfers**
Tome II. **Les Dames d'Emèse**
Tome III. **Sous le Signe de Ba'al**

L'EXPERT
Giroud / Brada
Tome I. **Le Triomphe de Saint Waldemar**
Tome II. **L' Étole du Chaman**

LE GARDIEN DE LA LANCE
Ferry / Ersel
Tome I. **Les Frères**
Tome II. **Initiation**
Tome III. **Le Don de Salâh al-Dîn**

JE SUIS MORTE
Morvan / Nemiri
Tome I. **Apprendre**

LE LEGS DE L'ALCHIMISTE
Tanquerelle / Hubert
Tome I. **Joachim Overbeck**
Tome II. **Leonora von Stock**
Tome III. **Monsieur de Saint-Loup**

LE LINCEUL
Bidot
Tome I. **Les Ombres de la Relique**
Tome II. **Le Cercle du Sydoine**
Tome III. **Les Vikings de Dieu**

LA MAISON WINCHESTER
Delmas / Cabanes
Récit complet en un volume

LE MARTEAU DES SORCIÈRES
Siro / Thibert
Tome I. **Warul**

LES MIROIRS DU TEMPS
Delmas / Wininger
Tome I. **Le Retour des Veilleurs**

PAROLES D'ANGES
Tripp / Carrasco
Récit complet en un volume

LES PASSANTS DU CLAIR DE LUNE
Mosdi / Patureau
Tome I. **La Fraternal Compagnia**
Tome II. **Le Chant du Bouc**
Tome III. **Sabazius**

POÈME ROUGE
Savey / Wachs
Tome I. **Eliska**
Tome II. **Eleonara**
Tome III. **Eloa**

QUMRAN
Makyo / Abécassis / Gemine
Tome I. **Le Rouleau du Messie**
Tome II. **Le Rouleau de la Femme**

LE ROI DU MONDE
Corteggiani / Cebe
Tome I. **Le Premier Palier**
Tome II. **Le Secret du Tzigane**

SOUS LA PEAU, LE SERPENT
Domnok / Wachs
Récit complet en un volume

TAMINO
Nathal - Gibert / Maël
Tome I. **La Sublime Lumière**
Tome II. **La Voile de Nuit**

LA TENTATION DE SATAN
Ploy / Falque
Tome I. **Le Diable**

LE TRIANGLE SECRET
Convard / Chaillet / Falque / Gine / Paul / Wachs
Tome I. **Le Testament du Fou**

Convard / Falque / Gine / Paul / Stalner / Wachs
Tome II. **Le Jeune Homme au Suaire**

Convard / Falque / Gine / Kraehn / Paul / Wachs
Tome III. **De Cendre et d'Or**

Convard / Falque / Gine / Jusseaume / Paul / Wachs
Tome IV. **L'Evangile Oublié**

Convard / Falque / Gine / Juillard / Paul / Wachs
Tome V. **L'Infâme Mensonge**

Convard / Falque / Gine / Paul / Wachs
Tome VI. **La Parole Perdue**

Convard / Falque / Gine / Paul / Wachs
Tome VII. **L' Imposteur**

LE TRIANGLE SECRET - INRI
Convard / Falque / Paul / Wachs
Tome 1. **Le Suaire**
Tome 2. **La Liste Rouge**

LES TROIS IMPOSTEURS
Lemoine / Woehrel
Tome I. **Le Réveil du Serpent**

LA VOIX DES TÉNÈBRES
Le Hir
Tome I. **Le Cylindre**

WILLIAM PANAMA
Rassat / Martinez
Tome I. **Les Cloches de Watertown**
Tome II. **L'Instant du Crocodile**
Tome III. **Tempête sur Keywest**

www.glenat.com

Dépôt légal septembre 2005
Achevé d'imprimer en France en août 2005
Impression et reliure : Pollina s.a., 85400 LUÇON - n° L97856-A

QUMRAN... LA DÉCOUVERTE ARCHÉOLOGIQUE DU SIÈCLE. DES ROULEAUX MANUSCRITS, CONSERVÉS DANS DES JARRES, ET VIEUX DE DEUX MILLE ANS.
À LA RECHERCHE DU ROULEAU DISPARU, ALEX ET MOI NE SAVIONS PAS ENCORE QUE NOUS ÉTIONS ENGAGÉS SUR LE SENTIER QUI MÈNE À LA GUERRE... NOUS NE CONNAISSIONS PAS ENCORE LE GOÛT DES ATROCITÉS ET DES HORREURS QUE L'HOMME PEUT COMMETTRE QUAND IL EST ÉBRANLÉ DANS SA FOI...
...LE ROULEAU DISPARU EN 1967... LE ROULEAU ESSENTIEL...
1

... LE ROULEAU DE TOUS LES DANGERS ET DE TOUTES LES PEURS. TOUS CEUX QUI L'ONT APPROCHÉ ONT ÉTÉ MAUDITS. ILS SE SUICIDENT. ILS MEURENT VIOLEMMENT, POIGNARDÉS OU, LE PLUS SOUVENT, CRUCIFIÉS.
... PARFOIS ILS DEVIENNENT FOUS.
L'AMANITA MUSCARIA... LE CHAMPIGNON SACRÉ !...
C'EST LUI ! ... LUI, LUI, LE FILS DE DIEU. SA DROGUE EST UNE FORME PURE DE LA SEMENCE DIVINE. IL EST DIEU LUI-MÊME, MANI-FESTÉ SUR TERRE...
LE CHRISTIANISME, JÉSUS, LA RELIGION, TOUTES LES RELIGIONS SONT PRODUITES PAR UNE HALLUCINATION DUE À CE CHAMPIGNON DIVIN !!

APRÈS LE CHOC DU PARCHEMIN FABRIQUÉ AVEC LA PEAU DE MATTI, ALEX ET MOI, NOUS NOUS ENVOLÂMES POUR L'ANGLETERRE AFIN DE RENCONTRER LE CHERCHEUR ANGLAIS THOMAS ALMOND, L'UN DES QUATRE MEMBRES DE L'ÉQUIPE DE CHERCHEURS EN POSSESSION DE MANUSCRITS...
IL N'ÉTAIT PAS AU CENTRE D'ARCHÉOLOGIE OÙ IL TRAVAILLAIT HABITUELLEMENT. UNE SECRÉTAIRE NOUS INFORMA QU'IL ÉTAIT LA PLUPART DU TEMPS DANS SA MAISON PRÈS DE MANCHESTER...
NOUS N'ÉTIONS PAS AU BOUT DE NOS PEINES. APRÈS LE TRAIN, NOUS PRÎMES UN BUS QUI NOUS DÉPOSA AU MILIEU DE NULLE PART...
... PUIS IL NOUS FALLUT ENCORE MARCHER PLUSIEURS KILOMÈTRES EN PLEINE FORÊT AVANT DE TROUVER LA CHAUMIÈRE D'ALMOND AU DÉTOUR D'UN CHEMIN...
ALMOND NOUS FIT ENTRER APRÈS QUE NOUS NOUS SOYONS LONGUEMENT PRÉSENTÉS...
THOMAS ALMOND ÉTAIT UN PASSIONNÉ D'ARCHÉOLOGIE, UN CHERCHEUR UN PEU FOU, LE GENRE D'HOMME PERDU DANS SES TRAVAUX ET QUI AURAIT SANS DOUTE ÉTÉ PERDU SANS EUX.
.. MAIS, JE CROIS QUE CE SONT SURTOUT LES MANUSCRITS QUI VOUS INTÉRESSENT, N'EST-CE PAS?
3

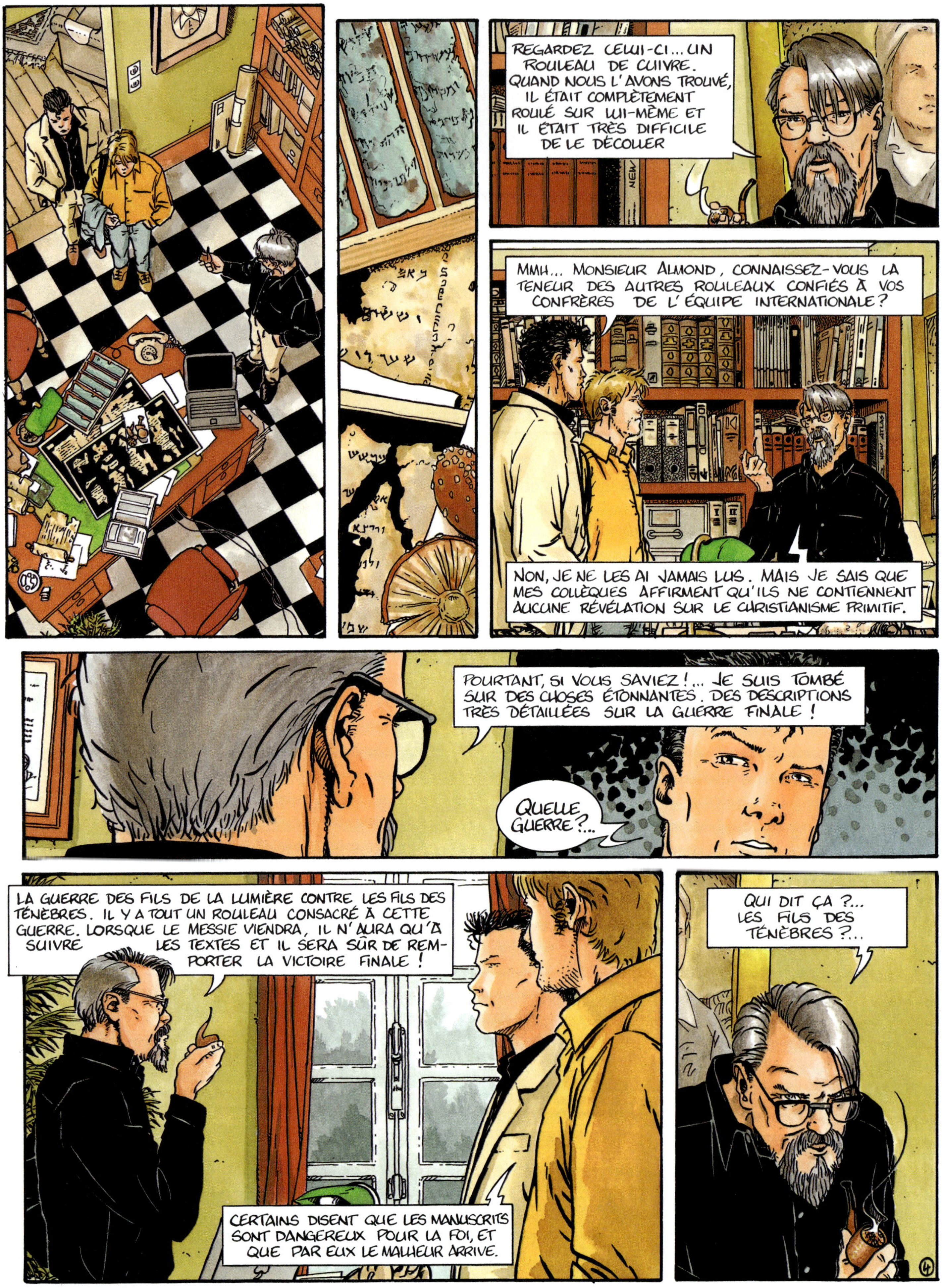
REGARDEZ CELUI-CI... UN ROULEAU DE CUIVRE. QUAND NOUS L'AVONS TROUVÉ, IL ÉTAIT COMPLÈTEMENT ROULÉ SUR LUI-MÊME ET IL ÉTAIT TRÈS DIFFICILE DE LE DÉCOLLER
MMH... MONSIEUR ALMOND, CONNAISSEZ-VOUS LA TENEUR DES AUTRES ROULEAUX CONFIÉS À VOS CONFRÈRES DE L'ÉQUIPE INTERNATIONALE ?
NON, JE NE LES AI JAMAIS LUS. MAIS JE SAIS QUE MES COLLÈGUES AFFIRMENT QU'ILS NE CONTIENNENT AUCUNE RÉVÉLATION SUR LE CHRISTIANISME PRIMITIF.
POURTANT, SI VOUS SAVIEZ !... JE SUIS TOMBÉ SUR DES CHOSES ÉTONNANTES. DES DESCRIPTIONS TRÈS DÉTAILLÉES SUR LA GUERRE FINALE !
QUELLE GUERRE ?...
LA GUERRE DES FILS DE LA LUMIÈRE CONTRE LES FILS DES TÉNÈBRES. IL Y A TOUT UN ROULEAU CONSACRÉ À CETTE GUERRE. LORSQUE LE MESSIE VIENDRA, IL N'AURA QU'À SUIVRE LES TEXTES ET IL SERA SÛR DE REMPORTER LA VICTOIRE FINALE !
CERTAINS DISENT QUE LES MANUSCRITS SONT DANGEREUX POUR LA FOI, ET QUE PAR EUX LE MALHEUR ARRIVE.
QUI DIT ÇA ?... LES FILS DES TÉNÈBRES ?...

LONDRES, DÉBUT DE SOIRÉE.
Tower Br
Fransmai
Piccadilly
BOCK
007
TAXI
FRANCHEMENT, ARY, CET ALMOND, TU NE TROUVES PAS QU'IL APPUIE UN PEU TROP SUR LE CHAMPIGNON ?... HALLUCINOGÈNE, BIEN SÛR!
MMH!... TOUT CE QU'IL DIT N'EST PAS DÉNUÉ DE SENS...
NOTAMMENT LORSQU'IL DIT QUE LA VÉRITÉ EST AUSSI UNE OBLIGATION RELIGIEUSE. LES THÉOLOGIENS PRÉTENDENT QUE LE NOUVEAU TESTAMENT EST UN RÉCIT COHÉRENT DE LA VIE DE JÉSUS ET DES COMMENCEMENTS DE L'ÉGLISE. C'EST FAUX!
OUI, TOUT LE MONDE SAIT QU'HISTORIQUEMENT IL Y A DES LACUNES, DES INVRAISEMBLANCES.
Abbey Road
Toilets
CE QUI EST SÛR, C'EST QUE LES MANUSCRITS DE LA MER MORTE NOUS DONNENT ENFIN L'ESPOIR DE FAIRE LA DIFFÉRENCE ENTRE VÉRITÉ ET LÉGENDE.
OUI, MAIS APPAREMMENT CERTAINS FONT TOUT CE QU'ILS PEUVENT POUR QUE NOUS N'Y ARRIVIONS JAMAIS...
J'AI ENVIE D'Y RETOURNER CE SOIR. JE VEUX EN SAVOIR PLUS SUR LES HISTOIRES DE CHAMPIGNONS QUI DONNENT LA VISION MYSTIQUE... D'APRÈS LUI, UN STRATAGÈME DES PREMIERS CHRÉTIENS POUR CONNAÎTRE LE MONDE DIVIN!... TU M'ACCOMPAGNES?
NON, MERCI. ÇA VA POUR AUJOURD'HUI. JE RESTE EN COUVERTURE!... DESSOUS, PLUTÔT!
5

EN RÉALITÉ, C'EST À CAUSE DE MA CONNAISSANCE DE LA DEVEQOUT QUE J'ÉTAIS REVENU VOIR ALMOND...
...PAR L'EXPÉRIENCE MYSTIQUE DE LA DEVEQOUT, IL EST DES VÉRITÉS QUI NE SE FONT JOUR QUE DANS CET ÉTAT EXTRÊME. ET IL ME SEMBLAIT QU'ALMOND DEVAIT Y PARVENIR SOUS L'EMPRISE DE CETTE DROGUE...
...JE N'AURAIS PAS PU EXPLIQUER ÇA À ALEX, CAR LA DEVEQOUT EST UN SECRET HASSIDIQUE DONT IL M'EST DIFFICILE DE PARLER...
...ALMOND LUI-MÊME N'AVAIT SANS DOUTE PAS CONSCIENCE DE CE QU'IL FAISAIT EN UTILISANT LE POUVOIR HALLUCINATOIRE DE CES CHAMPIGNONS.

HAHAHA
HAHA
HA!...
JE SUIS LE MAÎTRE DE TOUS LES MEURTRES, DES CRIMES, MAÎTRE DES PÉCHÉS ET DES VICES... JE SUIS LE CHEF DES FILS DES TÉNÈBRES !
TIENS, VOILÀ LE MANUSCRIT QUE TU CHERCHES... VENDS-LE ET TU RECEVRAS DES MILLIONS...

À MOI... À MOI TOUT L'ARGENT.
JE... JE VAIS PRENDRE LES ROULEAUX ET... JE VAIS LES VENDRE.
ARY!... EST-CE LÀ CE QUE TU ES VENU FAIRE ICI?... T'ES-TU AVENTURÉ JUSQUE-LÀ POUR ADORER LE VEAU D'OR ET OUBLIER TA MISSION, TON PROJET, TON DÉFI?..
NON, NON!... LES ÉCRITS VALENT PLUS QUE TOUT L'ARGENT DU MONDE.
ALLEZ, VIENS, ARY! ... VIENS, VOICI LE ROULEAU. VIENS LE CHERCHER ET IL SERA À TOI.

VIENS ! FAIS LE PAS. C'EST SI SIMPLE. TOUT CE QUE TU DÉSIRES EST ICI. TU N'AS QU'À FAIRE UN PAS. UN TOUT PETIT PAS.
JE ...
FRANCHEMENT, ARY, LÀ, ALMOND EST CARRÉMENT DEBOUT SUR LE CHAMPIGNON ! ...JE DIRAIS MÊME QU'IL EST AU BORD DE LA SORTIE DE ROUTE ...
...T'AS ENVIE DE SORTIR DU DÉCOR, TOI AUSSI ?
NON ! ... NON, LA VIE VAUT PLUS QUE LES ÉCRITS.
TIENS ! PRENDS LES MANUSCRITS ET LIS-LES, ET TU POURRAS DOMINER LE MONDE, SI TU PROMETS DE M'ADORER !
9

NON ! ... NON ! ... TU... TU ADORERAS LE SEIGNEUR TON DIEU, ET... TU LE SERVIRAS, LUI SEUL !
SI ! SI ! TU VAS LES LIRE !
NOOON !

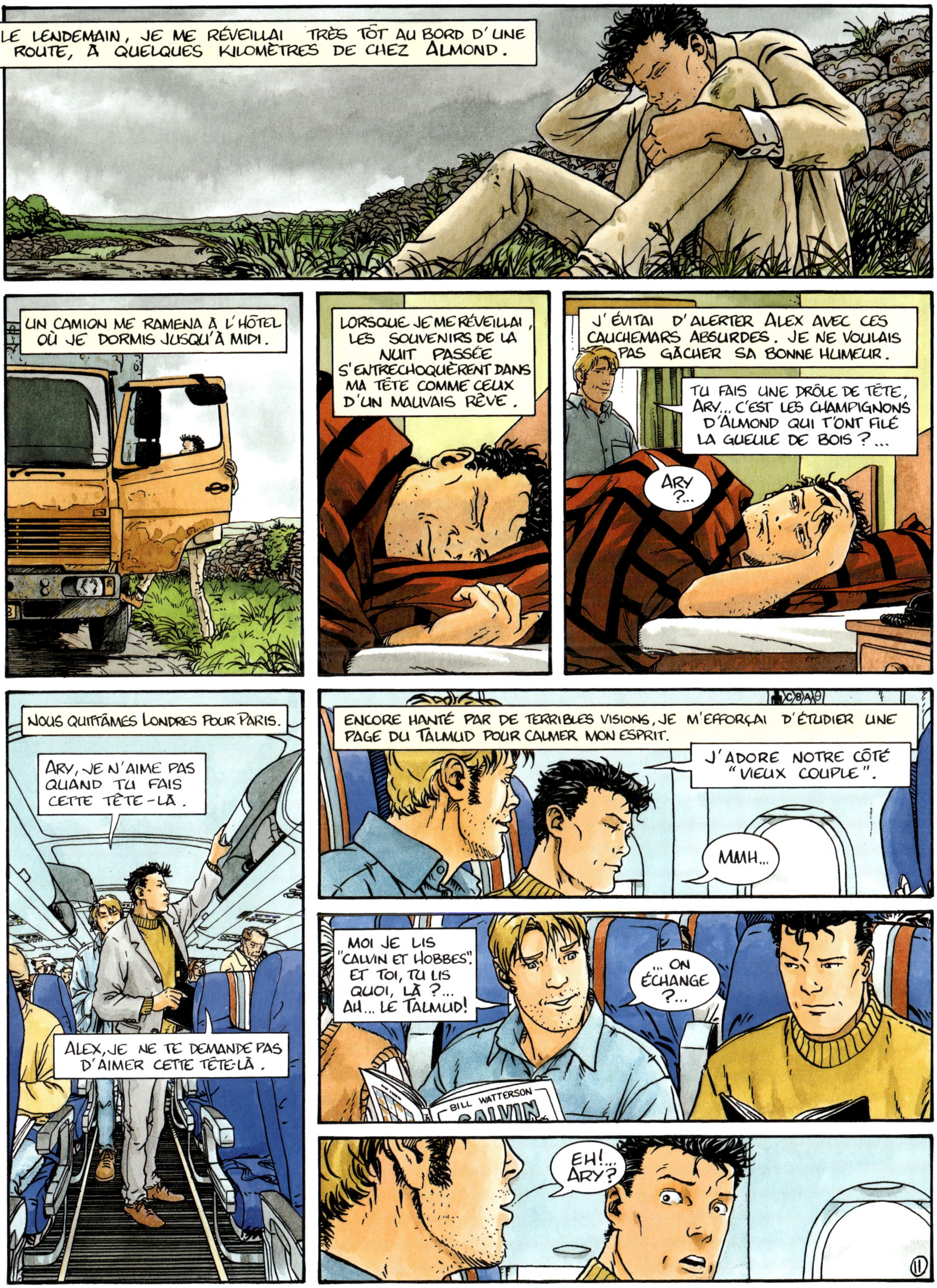

LE LENDEMAIN, JE ME RÉVEILLAI TRÈS TÔT AU BORD D'UNE ROUTE, À QUELQUES KILOMÈTRES DE CHEZ ALMOND.
UN CAMION ME RAMENA À L'HÔTEL OÙ JE DORMIS JUSQU'À MIDI.
LORSQUE JE ME RÉVEILLAI, LES SOUVENIRS DE LA NUIT PASSÉE S'ENTRECHOQUÈRENT DANS MA TÊTE COMME CEUX D'UN MAUVAIS RÊVE.
J'ÉVITAI D'ALERTER ALEX AVEC CES CAUCHEMARS ABSURDES. JE NE VOULAIS PAS GÂCHER SA BONNE HUMEUR.
TU FAIS UNE DRÔLE DE TÊTE, ARY... C'EST LES CHAMPIGNONS D'ALMOND QUI T'ONT FILÉ LA GUEULE DE BOIS ?...
ARY ?...
NOUS QUITTÂMES LONDRES POUR PARIS.
ARY, JE N'AIME PAS QUAND TU FAIS CETTE TÊTE-LÀ.
ALEX, JE NE TE DEMANDE PAS D'AIMER CETTE TÊTE-LÀ.
ENCORE HANTÉ PAR DE TERRIBLES VISIONS, JE M'EFFORÇAI D'ÉTUDIER UNE PAGE DU TALMUD POUR CALMER MON ESPRIT.
J'ADORE NOTRE CÔTÉ "VIEUX COUPLE".
MMH...
MOI JE LIS "CALVIN ET HOBBES". ET TOI, TU LIS QUOI, LÀ ?... AH... LE TALMUD!
... ON ÉCHANGE ?...
BILL WATTERSON
CALVIN
EH!... ARY?
11

EH, ARY, 'FAIS PAS CETTE TÊTE-LÀ ! ... JE PLAISANTE, ÉVIDEMMENT.
LÀ ! ... LE... LE JOURNAL !
LA DÉPÊCHE
Crucifixion à Manchester
L'Iran 10 ans après Khomeiny
BILL WATTERSON
CALVIN et Hobbes
rucifixion
Mancheste
Un chercheur en paléographie
a été tué la nuit dernière par ,
semble-t -il, un maniaque.
Le professeur Thomas Almond
préparait un ouvrage sur les
traductions des manuscrits de
Qumrān. Il a été retrouv
crucifié sur une grande croi
de bois.
Lire la suite page
ALMOND !? ... MAIS, TU AS ÉTÉ LE VOIR HIER SOIR !
OUI ... OUI, JE ... L'AI VU. MAIS IL M'A PLUS OU MOINS DROGUÉ AVEC SES CHAMPIGNONS. ET ... JE NE ME SOUVIENS DE RIEN ... SI CE N'EST DE L'AVOIR VU VIVANT AVANT MINUIT.
C'EST HORRIBLE. ON DIRAIT QUE LE OU LES ASSASSINS NOUS SUIVAIENT POUR SEMER LA MORT SUR NOTRE PASSAGE ...
C'EST ... C'EST INCOMPRÉHENSIBLE. COMME SI NOUS ÉTIONS REPLONGÉS ...
... DEUX MILLE ANS EN ARRIÈRE ...
AIR FRANCE
12

HÉ HO ! ARY !
ARY, J'AI RETROUVÉ ROMÉO À LA FAC DE JUSSIEU. TU SAIS QU'IL ENSEIGNE, MAINTENANT !
SALUT. MAIS JE CROYAIS QUE TU NE VOULAIS PAS ENSEIGNER L'ETHNOLOGIE...
MES COLLÈGUES EUROPÉENS FONT DE L'ETHNOLOGIE EN AFRIQUE. DISONS QUE MOI, JE LA FAIS EN EUROPE.
MAIS... LINDA, MA CHÉRIE, JE NE T'AVAIS PAS RECONNUE AVEC TES CHEVEUX COURTS ! ... JE SUIS TELLEMENT CONTENT DE TE REVOIR ...
AH, LINDA... L'ÉTOILE DE NOTRE ALEX !
... SON ÉTOILE FILANTE, PLUTÔT !
ARY, JE TE PRÉSENTE SOPHIE. SOPHIE EST MON AMIE, MA SOEUR. COEUR ET ESPRIT LIÉS. BREF, UNE FEMME.
13

MAIS C'EST ABOMINABLE, CES CRUCIFIXIONS!...
... EN PLUS TOUT ÇA EST TERRIBLEMENT DANGEREUX POUR ARY ET TOI, NON ?
EN FAIT, JE NE CROIS PAS. SI ON AVAIT VOULU ATTENTER À NOS VIES, ON L'AURAIT DÉJÀ FAIT.
EN TOUT CAS, VISIBLEMENT, CE "ON" DONT TU PARLES NE SOUHAITE PAS QUE VOUS RETROUVIEZ LE ROULEAU PERDU ! ... POURQUOI, À VOTRE AVIS ?
DIFFICILE À DIRE. PEUT-ÊTRE PARCE QU'IL PARLE DE LA VIE DE JÉSUS? ... DE SA VÉRITABLE HISTOIRE. MAIS ÇA N'EST QU'UNE HYPOTHÈSE.
ELLE SE TIENT... POUR LA PREMIÈRE FOIS DEPUIS DES SIÈCLES, GRÂCE À LA DÉCOUVERTE DE CES PARCHEMINS, NOUS AVONS LA POSSIBILITÉ DE SAVOIR SI JÉSUS ÉTAIT ESSÉNIEN OU PHARISIEN, ET MÊME S'IL A EXISTÉ OU NON.
LONGTEMPS LES ÉVANGILES ONT ÉTÉ L'UNIQUE SOURCE HISTORIQUE...
... MAIS CETTE SOURCE EST FRAGILE, ET IL SE POURRAIT QUE LE ROULEAU MANQUANT LA REMETTE EN QUESTION.
Saint MICHEL
OUVERT
P
Le Clos de Paris

LE LENDEMAIN, EN FIN DE MATINÉE...
DRRiii.
AH, C'EST TOI!... ENTRE, J'ALLAIS M'HABILLER.
ARY, JE NE SUIS PAS CONTENT DE TOI.
AH!... POURQUOI?
FRANCHEMENT, TU N'AS PAS VU COMMENT SOPHIE TE REGARDAIT HIER SOIR?
ALEX, JE T'EN PRIE. NOUS AVONS DÉJÀ PARLÉ DE CE GENRE DE CHOSES. JE SUIS COHEN. CELA NE M'EST PAS PERMIS, TU LE SAIS. ET JE N'AI PAS DU TOUT L'INTENTION DE DISCUTER DE ÇA. SURTOUT PAS EN CE MOMENT.
EH, MAIS TU LIS LES ÉVANGILES, MAINTENANT?
15

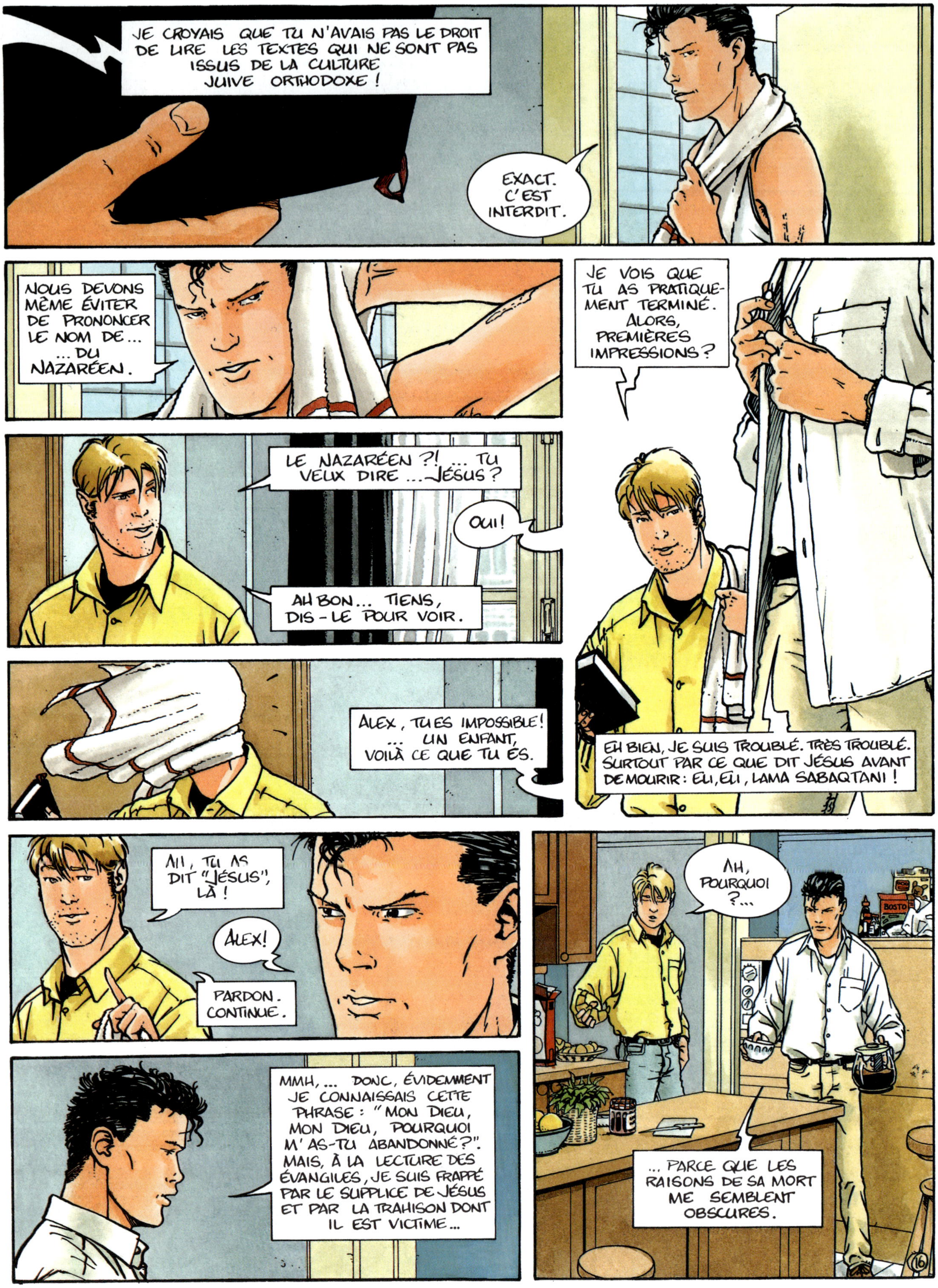
JE CROYAIS QUE TU N'AVAIS PAS LE DROIT DE LIRE LES TEXTES QUI NE SONT PAS ISSUS DE LA CULTURE JUIVE ORTHODOXE !
EXACT. C'EST INTERDIT.
NOUS DEVONS MÊME ÉVITER DE PRONONCER LE NOM DE... ...DU NAZARÉEN.
JE VOIS QUE TU AS PRATIQUEMENT TERMINÉ. ALORS, PREMIÈRES IMPRESSIONS ?
LE NAZARÉEN ?! ... TU VEUX DIRE ... JÉSUS ?
OUI !
AH BON... TIENS, DIS-LE POUR VOIR.
ALEX, TU ES IMPOSSIBLE ! ... UN ENFANT, VOILÀ CE QUE TU ES.
EH BIEN, JE SUIS TROUBLÉ. TRÈS TROUBLÉ. SURTOUT PAR CE QUE DIT JÉSUS AVANT DE MOURIR : ELI, ELI, LAMA SABAQTANI !
AH, TU AS DIT "JÉSUS", LÀ !
ALEX !
PARDON. CONTINUE.
MMH, ... DONC, ÉVIDEMMENT JE CONNAISSAIS CETTE PHRASE : "MON DIEU, MON DIEU, POURQUOI M'AS-TU ABANDONNÉ ?". MAIS, À LA LECTURE DES ÉVANGILES, JE SUIS FRAPPÉ PAR LE SUPPLICE DE JÉSUS ET PAR LA TRAHISON DONT IL EST VICTIME...
AH, POURQUOI ?...
... PARCE QUE LES RAISONS DE SA MORT ME SEMBLENT OBSCURES.

JÉSUS SAVAIT QU'IL SERAIT ARRÊTÉ, ALORS POURQUOI S'EST-IL LAISSÉ FAIRE ?... POURQUOI A-T-IL ENCOURAGÉ JUDAS À ACCOMPLIR SA TÂCHE?
MMH, JE PENSE QU'IL NE VOULAIT PAS SE SOUSTRAIRE À SON DESTIN.
OUI, OU ALORS IL NE VOULAIT PAS SE SOUSTRAIRE À UN PLAN PRÉÉTABLI, PRÉMÉDITÉ PAR EUX DEUX, JÉSUS ET JUDAS... MAIS QUEL ACCORD?
UN ACCORD SECRET ENTRE JUDAS ET JÉSUS?... EST-CE VRAIMENT POSSIBLE?
JÉSUS SAVAIT QU'IL ALLAIT ÊTRE VENDU, ET IL N'A RIEN FAIT POUR ÉCHAPPER À SON SORT. PEUT-ÊTRE PENSAIT-IL QU'IL N'ALLAIT PAS MOURIR?
OUI, JE VOIS CE QUE TU VEUX DIRE. ...JUSQU'À LA DERNIÈRE EXTRÉMITÉ, IL PENSAIT QUE DIEU ALLAIT LE SAUVER!
OUI. SINON, POURQUOI AURAIT-IL DIT : "MON DIEU POURQUOI M'AS-TU ABANDONNÉ ?"
PLUS TARD...
BASTILLE
ALLEZ, ARY, NE FAIS PAS CETTE TÊTE. ÇA VA NOUS DISTRAIRE.
NOUS SOMMES EN TRAIN D'ENQUÊTER SUR LA DISPARITION D'UN DOCUMENT D'UNE IMPORTANCE CONSIDÉRABLE, SUSCEPTIBLE DE COMPROMETTRE LES GRANDES DOCTRINES RELIGIEUSES... VOIRE MÊME LA PAIX MONDIALE, ET... ET... ET TOI, TU M'EMMÈNES AU CINÉMA !...
BREVE TEMPUS
17

OUI, OUI, JE SAIS ... NE T'ÉNERVE PAS!... 'Y A TELLEMENT DE CHOSES QUI MENACENT LA PAIX ! ... ÇA N'EMPÊCHE PAS L'AMOUR.
L'AMOUR ?! ... POURQUOI TU ME PARLES DE L'AMOUR ?
OUI, C'EST... COMMENT DIRE, PARCE QUE CE N'EST PAS MOI QUI AI EU L'IDÉE D'ALLER AU CINÉMA, C'EST...
...C'EST SOPHIE ! ...
OH NON! ... ALEX, FRANCHEMENT ! ...
ARY, DÉCONNE PAS. LES VOILÀ!
20th CENTURY FOX
HMM!...
PARDON, FAUX FRÈRE ...
... JE VAIS AUX TOILETTES.
C'EST... C'EST UN ÉMOTIF... IL REVIENT.
18

QU'EST-CE QU'IL FABRIQUE?
SORT
BON, IL EST SUSCEPTIBLE!... MAIS À CE POINT-LÀ...
...JE VAIS VOIR.
ARY? ...
19

LA VESTE ET LA BIBLE D'ARY!...
ARY?
ARY ?...
LA BIBLE
EUH, PARDON...
S'IL VOUS PLAÎT, MESSIEURS, VOUS N'...
HO! JE VOUS PARLE!

NON MAIS DITES DONC... VOUS !
QUI ÊTES-VOUS ?
...JE CHERCHE MON AMI ARY ET JE PENSE...
...QUE VOUS...
HAN !
LÂCHEZ-MOI !

MMM...
ARY ! ... QUE LUI ONT-ILS FAIT ?
INTERDIT AU PUBLIC
ARY?
ARY!
NOONN!

J'AI EU LA FRAYEUR DE MA VIE. J'AI...
... J'AI CRU QU'ILS T'AVAIENT CRUCIFIÉ...
CE QUE JE ME DEMANDE, C'EST POURQUOI ILS NE L'ONT PAS FAIT. EN GÉNÉRAL ILS NE FONT PAS PREUVE D'UNE GRANDE COMPASSION...
ILS ONT PEUT-ÊTRE ÉTÉ SENSIBLES À TON CHARME.
ON LES COMPREND ...
TRÈS DRÔLE.
TU AS RAISON. CE N'EST VRAIMENT PAS LE MOMENT.
MAIS SI C'ÉTAIT MOI QU'ILS AVAIENT ATTRAPÉ, ILS AURAIENT PEUT-ÊTRE SORTI LES CLOUS.
JE NE SAIS PAS. PEUT-ÊTRE. EN TOUT CAS, IL S'AGIT D'UNE MISE EN GARDE... UN AVERTISSEMENT.
SANS AUCUN DOUTE. MAIS PLUS QUESTION POUR TOI D'ALLER AUX TOILETTES TOUT SEUL!
LE LENDEMAIN, J'EUS DU MAL À ME RÉVEILLER. LA NUIT AVAIT ÉTÉ AGITÉE ET ENTRECOUPÉE DE CAUCHEMARS, OÙ JE VOYAIS, TOUR À TOUR, JÉSUS AUX PRISES AVEC SES ENNEMIS, ET SATAN TEL QU'IL M'ÉTAIT APPARU CHEZ ALMOND...
23

NOUS PRÎMES LE CHEMIN DE LA FACULTÉ DE THÉOLOGIE AFIN DE VOIR LE PÈRE JACQUES MILLET QUI, DE RETOUR DE QUMRAM, AVAIT REJOINT SON BUREAU PARISIEN.
NOUS PENSIONS QU'IL POURRAIT PEUT-ÊTRE NOUS INDIQUER OÙ SE TROUVAIT PIERRE MIQUEL.
...JE REMARQUAI TOUT DE SUITE QUE MILLET N'AVAIT PAS LA FIGURE JOVIALE QUE J'IMAGINAIS.
JE NE CROIS PAS POUVOIR VOUS AIDER BEAUCOUP DANS VOTRE RECHERCHE. J'AI LAISSÉ TOUS MES MANUSCRITS AU PÈRE PIERRE MIQUEL. JE N'AI PLUS RIEN.
C'EST DONC MIQUEL QUI A LE PLUS GROS LOT DE MANUSCRITS. UNE CHANCE POUR L'ÉGLISE.
OUI ET NON. JE CROIS QU'IL A QUITTÉ LES ORDRES ET S'EST ÉTABLI À PARIS.
MONSIEUR MILLET, AVEZ-VOUS UNE IDÉE DU CONTENU DE CE ROULEAU DISPARU DONT PIERRE MIQUEL AVAIT PARLÉ À SA CONFÉRENCE DE 1987 ?
LORSQUE JE TRAVAILLAIS SUR LES ROULEAUX, JE... J'AI SUBI DES PRESSIONS. ON NE VOULAIT PAS QUE JE TRAVAILLE SUR CE PARCHEMIN.
N'AVEZ-VOUS PAS PRIS CONNAISSANCE DU CONTENU DU MANUSCRIT, MÊME D'UNE FAÇON SUPERFICIELLE ?
SI, JE L'AI FAIT, JUSTE AVANT QU'IL NE DISPARAISSE.
QUAND J'AI PARLÉ AU PÈRE JOHNSON DE CE QUE J'AVAIS PU, DISONS... ENTREVOIR, IL M'A DEMANDÉ DE TOUT OUBLIER. IL AVAIT DIT LA MÊME CHOSE À LIRNOV QUI N'A PAS SUPPORTÉ DE SAVOIR...
ET... DE QUOI S'AGIT-IL ?
JE NE PEUX VOUS RÉPONDRE. J'AI PROMIS LE SILENCE ET JE NE PEUX ROMPRE MA PROMESSE.
TENEZ. VOICI L'ADRESSE DE PIERRE MIQUEL AINSI QUE MON ADRESSE PERSONNELLE. N'HÉSITEZ PAS À M'APPELER. JE VOUS AIDERAI AUTANT QUE POSSIBLE SANS ENFREINDRE MON SERMENT.
UNE DERNIÈRE QUESTION: CROYEZ-VOUS QUE LA CONGRÉGATION POUR LA DOCTRINE DE LA FOI PUISSE ÊTRE MÊLÉE À CES CRIMES ?
NON, JE NE PENSE PAS. ET JE N'AI PAS PEUR D'EUX. JE ME SUIS ENGAGÉ À ME TAIRE. RIEN DE PLUS, SOYEZ RASSURÉS.
24

LE SOIR MÊME, NOUS NOUS RENDÎMES CHEZ PIERRE MIQUEL, DANS LE XIII ème. C'ÉTAIT DANS LE QUARTIER CHINOIS, AU DOUZIÈME ÉTAGE D'UNE TOUR GRISE ET MAUSSADE, COMME LE CIEL CE JOUR-LÀ.
PERSONNE !...
NOUS ÉTIONS UN PEU PERDUS, ALEX ET MOI. ALORS NOUS NOUS MÎMES À MARCHER DROIT DEVANT NOUS, VERS LE SOLEIL QUI MOURAIT.
fnac
ARRIVÉS DANS LE VI ème ARRONDISSEMENT, SANS LE VOULOIR VRAIMENT, NOUS NOUS DIRIGEÂMES VERS LA PAROISSE DU PÈRE MILLET ?
PUISQUE NOUS SOMMES LÀ, SI ON RENDAIT UNE PETITE VISITE À JACQUES MILLET.
JE NE SAIS PAS. IL EST PEUT-ÊTRE UN PEU TARD ?
C'EST LUI QUI NOUS L'A PROPOSÉ. IL SE SENTIRA PEUT-ÊTRE PLUS LIBRE DE PARLER LOIN DE LA FACULTÉ.
ÇA NE RÉPOND PAS...
TANT PIS.
ATTENDS ... C'EST OUVERT.
C'EST ICI, À GAUCHE.
CE QUE NOUS VÎMES ALORS NOUS GLAÇA D'EFFROI. AUCUN DIABLE, AUCUN DÉMON NE POURRA JAMAIS ÉGALER L'HOMME DANS SA CAPACITÉ À FAIRE LE MAL.
25

IL A EU MOINS DE CHANCE QUE TOI.
... IL A EU DROIT AUX CLOUS.
IL EST MORT DEPUIS MOINS D'UNE HEURE.
NE T'APPROCHE PAS.
POURQUOI ?
LA MORT EST IMPURE. CELUI QUI CONTEMPLE LA MORT SE PENCHE SUR LE VIDE. C'EST UNE FORCE SÉDUCTRICE QUI ATTIRE LA FORCE DE VIE. S'IL TE PLAÎT, NE T'APPROCHE PAS.
DEHORS, LA NUIT DE PARIS NOUS AVEUGLA. L'INTÉRIEUR EST COMME L'EXTÉRIEUR. LA NUIT ÉTAIT AUSSI DANS NOS COEURS.
VEDETTES DU PONT NEUF

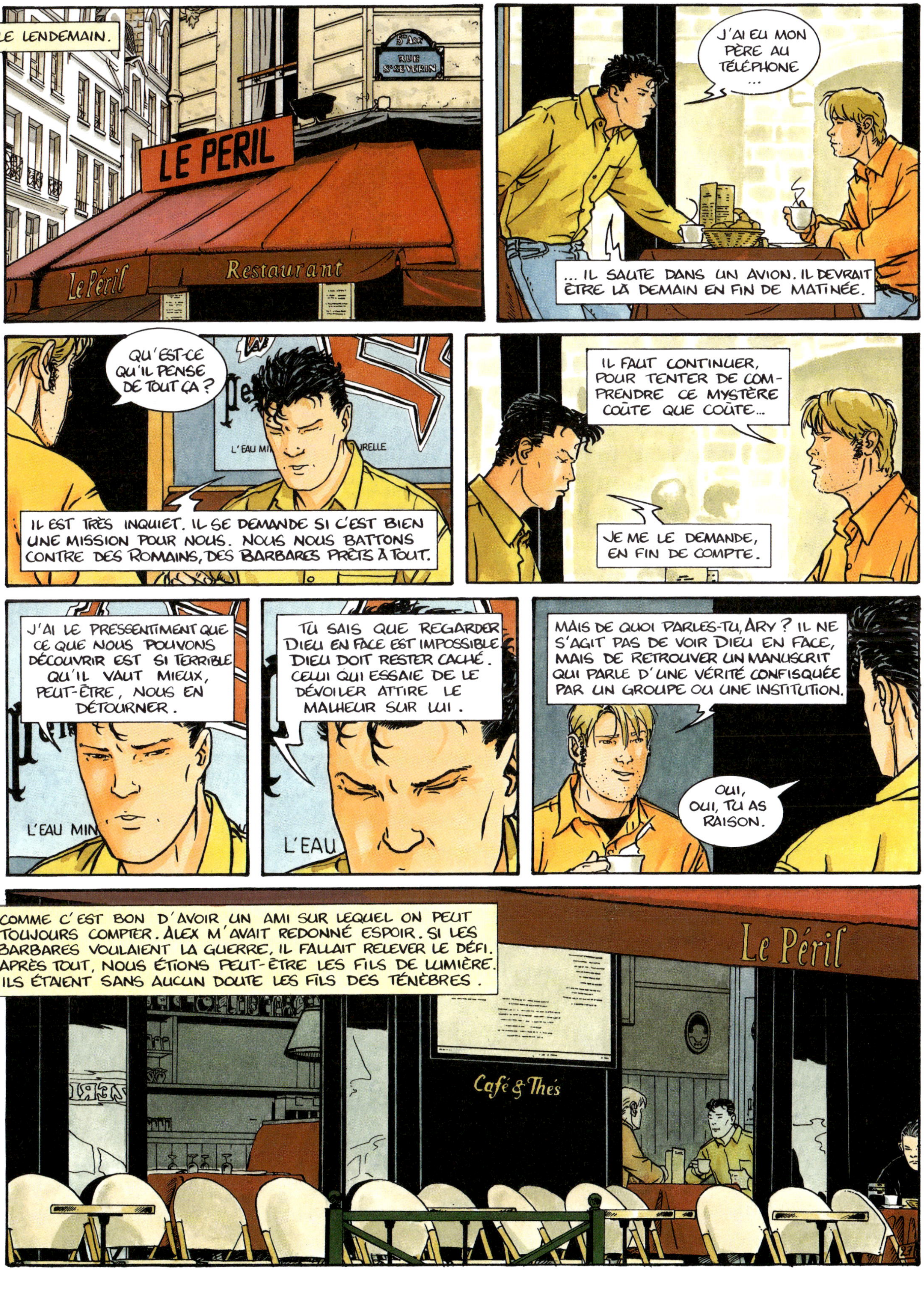

LE LENDEMAIN.
5e Arr.
RUE S.T SEVERIN
LE PERIL
Le Péril
Restaurant
J'AI EU MON PÈRE AU TÉLÉPHONE ...
... IL SAUTE DANS UN AVION. IL DEVRAIT ÊTRE LÀ DEMAIN EN FIN DE MATINÉE.
QU'EST-CE QU'IL PENSE DE TOUT ÇA ?
IL EST TRÈS INQUIET. IL SE DEMANDE SI C'EST BIEN UNE MISSION POUR NOUS. NOUS NOUS BATTONS CONTRE DES ROMAINS, DES BARBARES PRÊTS À TOUT.
IL FAUT CONTINUER, POUR TENTER DE COMPRENDRE CE MYSTÈRE COÛTE QUE COÛTE...
JE ME LE DEMANDE, EN FIN DE COMPTE.
J'AI LE PRESSENTIMENT QUE CE QUE NOUS POUVONS DÉCOUVRIR EST SI TERRIBLE QU'IL VAUT MIEUX, PEUT-ÊTRE, NOUS EN DÉTOURNER.
TU SAIS QUE REGARDER DIEU EN FACE EST IMPOSSIBLE. DIEU DOIT RESTER CACHÉ. CELUI QUI ESSAIE DE LE DÉVOILER ATTIRE LE MALHEUR SUR LUI.
MAIS DE QUOI PARLES-TU, ARY ? IL NE S'AGIT PAS DE VOIR DIEU EN FACE, MAIS DE RETROUVER UN MANUSCRIT QUI PARLE D'UNE VÉRITÉ CONFISQUÉE PAR UN GROUPE OU UNE INSTITUTION.
OUI, OUI, TU AS RAISON.
COMME C'EST BON D'AVOIR UN AMI SUR LEQUEL ON PEUT TOUJOURS COMPTER. ALEX M'AVAIT REDONNÉ ESPOIR. SI LES BARBARES VOULAIENT LA GUERRE, IL FALLAIT RELEVER LE DÉFI. APRÈS TOUT, NOUS ÉTIONS PEUT-ÊTRE LES FILS DE LUMIÈRE. ILS ÉTAIENT SANS AUCUN DOUTE LES FILS DES TÉNÈBRES.
Le Péril
Café & Thés

LE LENDEMAIN...
SERVAIR
... EN FAIT, JE ME DEMANDE SI LE PÈRE MILLET N'EST PAS MORT PAR NOTRE FAUTE.
TAXI
JE NE SAIS PAS, ARY. CE QUI EST SÛR, C'EST QUE LE LIEN AVEC LA CRUCIFIXION D'ALMOND ET LA MORT DE MATTI NE PEUT ÊTRE FORTUIT...
...IL EST ÉVIDENT QUE QUELQU'UN VOUS SUIT POUR VOUS EMPÊCHER DE POURSUIVRE VOTRE INVESTIGATION.
ILS NE SAVENT PEUT-ÊTRE PAS QUE NOUS SOMMES DES FILS DE LUMIÈRE!
JE NE SAIS PAS. EN TOUT CAS, ILS ONT ÉPARGNÉ ARY. GRÂCE À DIEU.
ALEX PLAISANTE, PÈRE.
JE VOUS OFFRE UNE PETITE SOIRÉE DE DÉTENTE AU CAFÉ DE FLORE. DEMAIN, IL FAUT ABSOLUMENT QUE NOUS TROUVIONS PIERRE MIQUEL.
28

LE LENDEMAIN, CHEZ PIERRE MIQUEL.
IL N'EST TOUJOURS PAS LÀ !...
C'EST ENNUYEUX. QUE FAIT-ON?
ON ENTRE QUAND MÊME.
CLIK CRAK
ET VOILÀ!
?
HMM!
QUI ÊTES-VOUS ?
NOUS CHERCHONS PIERRE MIQUEL. NOUS SOMMES ARCHÉOLOGUES.
PIERRE MIQUEL EST PARTI. ET, SI C'EST CE QUE VOUS VOULIEZ SAVOIR, LE MANUSCRIT QU'IL POSSÉDAIT N'EST PAS ICI. JE LE CHERCHE AUSSI.
POUR QUELLE RAISON ?
QUI ÊTES-VOUS ?
29

JE M'APPELLE JANE ROGERS. JE SUIS JOURNALISTE À LA BIBLICAL ARCHEOLOGICAL REVIEW. NOUS VOUDRIONS PUBLIER L'ENSEMBLE DES MANUSCRITS, Y COMPRIS CELUI QUI A ÉTÉ FRAUDULEUSEMENT CONFISQUÉ.
COMMENT ÊTES-VOUS ENTRÉE?
COMME VOUS, JE SUPPOSE. JE SAVAIS QUE PIERRE MIQUEL NE SERAIT PAS LÀ. DEPUIS L'ABANDON DE SA VOCATION MONASTIQUE IL RECEVAIT DES MENACES DE MORT AFIN QU'IL RENDE LE MANUSCRIT.
QUI PEUT EN VOULOIR À SA VIE, À VOTRE AVIS ?
IL Y A DEUX SEMAINES, J'AVAIS RÉUSSI À LE JOINDRE AU TÉLÉPHONE. JE LUI AVAIS POSÉ CETTE QUESTION... IL SUPPOSAIT QUE C'ÉTAIT JOHNSON.
JOHNSON?! ... MAIS PIERRE MIQUEL ÉTAIT SON VIEUX COMPAGNON DEPUIS LE DÉBUT!
OUI, MAIS JOHNSON S'ÉTAIT MIS DANS UNE COLÈRE NOIRE LORSQUE MIQUEL AVAIT COMMENCÉ À DÉVOILER LE CONTENU DU MANUSCRIT MANQUANT LORS DE SA CONFÉRENCE DE 1987.
C'EST À CE MOMENT-LÀ QUE PIERRE MIQUEL A DISPARU AVEC LE ROULEAU ... ET... JE ...
SVILLE
30

BASE
31

ALEX!
LIBERTÉ
ÉGALITE
FRATERNITÉ
F.O ST. ANTOINE EN GRÈVE
37,5 POUR TOUS
NON À LA RÉFORME!
F.O
Hôpital Saint-Antoine
Hôpital Saint-Antoine
COMMENT ALLEZ-VOUS ?
... ALEX ! ...MON PÈRE ! ... OÙ SONT-ILS ?
ALEX VA BIEN. IL A ÉTÉ TOUCHÉ AU CÔTÉ. IL VA S' EN SORTIR.
DIEU SOIT LOUÉ. ET MON PÈRE ?
ILS... ILS L' ONT ENLEVÉ...

Hôpital St ANTOINE
H
HÔPITAL
COMMENT VA-T-IL ?
BIEN ... IL EST SORTI DE LA SALLE D'OPÉRATION IL Y A UNE HEURE. IL A EU DE LA CHANCE. LA LAME EST PASSÉE TOUT PRÈS DU FOIE.
QUAND VA-T-IL SE RÉVEILLER ?
DANS UNE HEURE OU DEUX. MAIS LE MIEUX SERAIT DE VENIR DEMAIN MATIN ... IL DOIT RÉCUPÉRER.
DEHORS, LA PLUIE FINE ME FIT DU BIEN.
EGALITE
F.O ST. ANTOINE FO
37,5 ans POUR TOUS
EN GRÈVE
NON à LA RÉFORME !
PARKING COMPLET
JE NE COMPRENDS PAS. POURQUOI ONT-ILS ENLEVÉ MON PÈRE ?
ILS DOIVENT SAVOIR QUE VOUS RECHERCHEZ LES MANUSCRITS ! ... À MOINS QU'ILS NE L'AIENT PRIS POUR PIERRE MIQUEL ?
NOUS NOUS SÉPARÂMES APRÈS AVOIR ÉCHANGÉ NOS NUMÉROS DE TÉLÉPHONE.
PARIS
33

LE SOIR, JE N'ARRIVAI PAS À M ENDORMIR. JE PENSAIS À LA BLESSURE D'ALEX ET BIEN SÛR À MON PÈRE. JE ME REMÉMORAIS AVEC TERREUR LE CADAVRE CRUCIFIÉ DU PÈRE MILLET.
MON PÈRE ALLAIT-IL SUBIR LE MÊME SORT? QUI ÉTAIENT CES HOMMES ?... DES OBSÉDÉS DU CHRISTIANISME, DES CHRISTOPHOBES, DES JUIFS, DES MUSULMANS, DES CHRÉTIENS ?...
DES FOUS SANGUINAIRES, EN TOUT CAS. MAIS QUE VOULAIENT-ILS SIGNIFIER EN ACCOMPLISSANT RITUELLEMENT LE SUPPLICE DU CHRIST?
LE LENDEMAIN, JE ME LEVAI DE BONNE HEURE. J'ÉTAIS PRESSÉ DE VOIR ALEX.
AH, C'EST TOI ... JE SUIS CONTENT DE TE VOIR.
COMMENT ÇA VA?
ÇA VA ... J'AI APPRIS, POUR TON PÈRE ...
ALEX ÉTAIT COMME MOI, UN PEU ABATTU ET INQUIET POUR MON PÈRE. IL M'AVAIT RASSURÉ, CEPENDANT. D'APRÈS LUI, CES HOMMES TUAIENT CEUX QUI SAVAIENT QUELQUE CHOSE SUR LE ROULEAU DISPARU.
DANS L'APRÈS-MIDI, J'ERRAI COMME UNE ÂME EN PEINE. J'ÉTAIS PERDU. LE MONDE VACILLAIT AUTOUR DE MOI. MOI QUI MARCHAIS TOUJOURS D'UN PAS FERME, GUIDÉ PAR LE TALMUD ET LA CABALE, JE DÉCOUVRAIS LE VIDE.
34

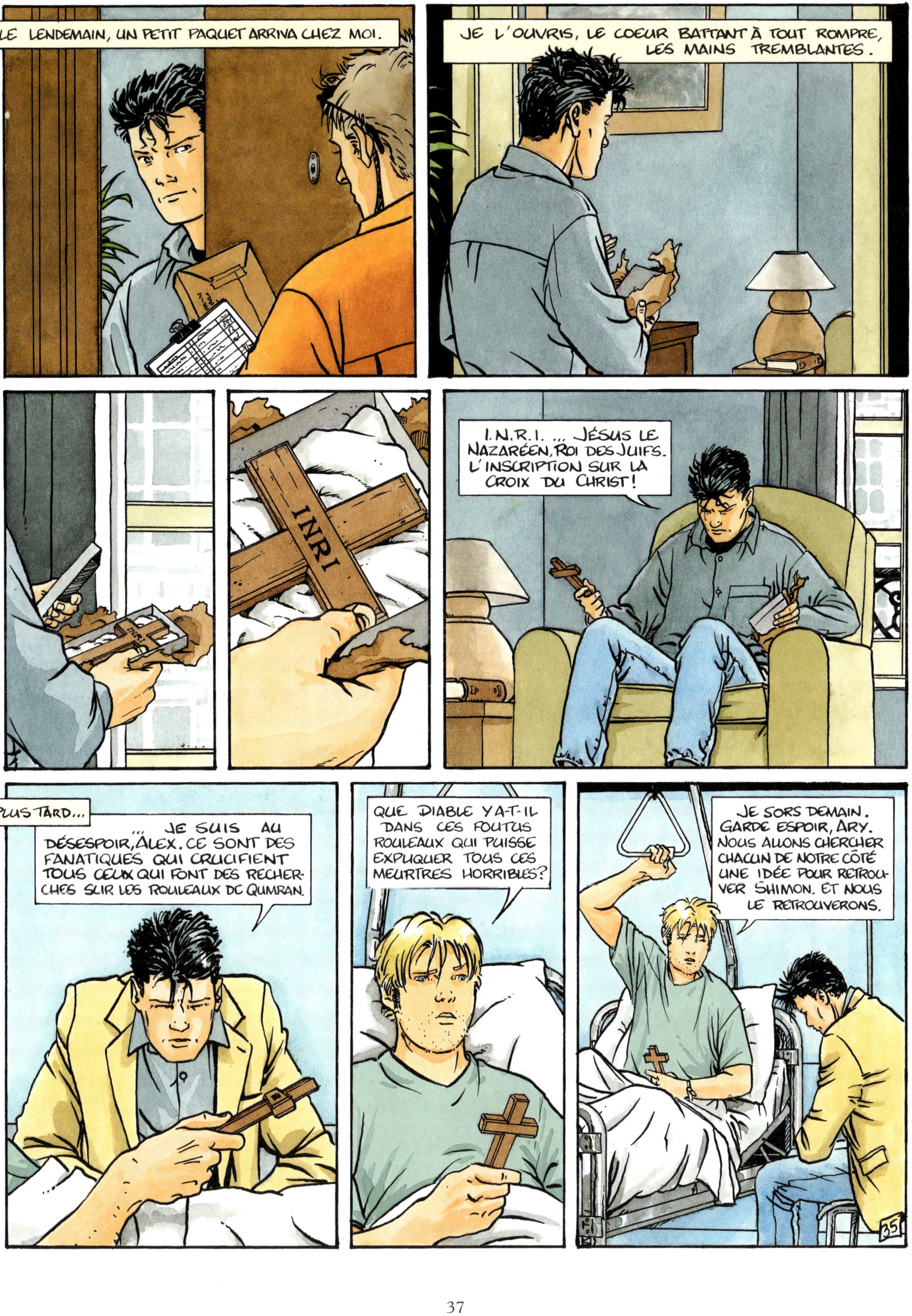

LE LENDEMAIN, UN PETIT PAQUET ARRIVA CHEZ MOI.
JE L'OUVRIS, LE COEUR BATTANT À TOUT ROMPRE, LES MAINS TREMBLANTES.
INRI
I.N.R.I. ... JÉSUS LE NAZARÉEN, ROI DES JUIFS. L'INSCRIPTION SUR LA CROIX DU CHRIST !
PLUS TARD...
... JE SUIS AU DÉSESPOIR, ALEX. CE SONT DES FANATIQUES QUI CRUCIFIENT TOUS CEUX QUI FONT DES RECHERCHES SUR LES ROULEAUX DE QUMRAN.
QUE DIABLE Y A-T-IL DANS CES FOUTUS ROULEAUX QUI PUISSE EXPLIQUER TOUS CES MEURTRES HORRIBLES ?
JE SORS DEMAIN. GARDE ESPOIR, ARY. NOUS ALLONS CHERCHER CHACUN DE NOTRE CÔTÉ UNE IDÉE POUR RETROUVER SHIMON. ET NOUS LE RETROUVERONS.
35

J'EUS DE NOUVEAU UNE NUIT TRÈS AGITÉE. JE LUTTAIS MENTALEMENT CONTRE L'IMAGE TERRIFIANTE DE MON PÈRE CRUCIFIÉ...
À CINQ HEURES DU MATIN, FATIGUÉ ET HÉSITANT, JE DÉCIDAI D'APPELER JANE ROGERS.
ALLÔ! C'EST... C'EST ARY COHEN, JE SUIS DÉSOLÉ, JE VOUS RÉVEILLE.
NON, PAS DU TOUT. MOI NON PLUS JE NE DORMAIS PAS. COMMENT VA VOTRE BLESSURE?
MIEUX. ÉCOUTEZ, IL FAUT ABSOLUMENT QUE JE RETROUVE MON PÈRE ET... ET JE NE SAIS PAS OÙ IL EST, NI QUI L'A ENLEVÉ, NI MÊME POURQUOI.
JE NE SAIS PAS POURQUOI, MAIS JE NE CROIS PAS QU'ILS EN VEULENT À LA VIE DE VOTRE PÈRE. IL EST TOUJOURS VIVANT.
OUI, JE LE CROIS AUSSI. VOUS SAVEZ À QUOI J'AI PENSÉ?... IL FAUT FAIRE QUELQUE CHOSE POUR LES ATTIRER À NOUS: ... FAIRE SEMBLANT QUE NOUS DÉTENONS CE QU'ILS CHERCHENT.
OUI, MAIS COMMENT?
CROYEZ-VOUS QUE VOTRE JOURNAL PUISSE ORGANISER UN COLLOQUE SUR LES MANUSCRITS, QUELQUE CHOSE QUI AIT DU RETENTISSEMENT ET DONT LES JOURNAUX PARLENT?
C'EST DÉJÀ PRÉVU. DANS TROIS SEMAINES À NEW YORK!
36

LE LENDEMAIN...
...EN FAIT, C'EST UN GRAND DÉBAT DE LA B.A.R. SUR LES MANUSCRITS DE QUMRAN QUI VA ÊTRE ORGANISÉ.
EST-CE QUE TOUS LES CHERCHEURS SERONT INVITÉS ?
LEUR FAIRE CROIRE QUE NOUS AVONS RETROUVÉ LA TRACE DU MANUSCRIT DISPARU.
OUI, MAIS POURQUOI ? ...QUELLE EST VOTRE IDÉE ?
GÉNIAL !
IL FAUDRA AU MOINS ÇA POUR QUE NOS ÉMINENTS QUMRANOLOGUES SE DÉPLACENT... AU DERNIER COLLOQUE, TRÈS PEU SONT VENUS.
S'ILS NE VIENNENT PAS, NOUS IRONS LES CHERCHER PAR LA FORCE.
... TU VEUX DIRE ... LA FORCE DES IDÉES ?
OUI, BIEN SÛR. LUMIÈRE OBLIGE ... MAIS MOI J'AI UNE AUTRE IDÉE. MOINS BRILLANTE, CERTES, MAIS BON. LE FRÈRE DE LINDA EST DANS LA POLICE. LINDA, TU VOIS DE QUI JE PARLE, ARY ?
ALEX, JE T'EN PRIE.
OUI, IL FAUT DIRE QU'ARY A UN SUCCÈS FOU AVEC LES FEMMES. LES BUISSONS ARDENTS DE SES YEUX, ..., HEIN, ARY !
VIENS-EN AU FAIT, ALEX ! ... QUE COMPTES-TU FAIRE ?
OUVERT
Clou de Paris
J'AI DÉJÀ TÉLÉPHONÉ AU FRÈRE DE LINDA. IL VA ESSAYER DE M'AIDER DISCRÈTEMENT. ALERTER OFFICIELLEMENT LES AUTORITÉS RISQUERAIT DE METTRE SHIMON EN DANGER...
... DONC JE VAIS RESTER À PARIS POUR FAIRE LE MAXIMUM DE CE CÔTÉ-LÀ. JE TE REJOINDRAI PLUS TARD À NEW YORK.
37

PAS DE BÊTISES AVEC JANE. JE TE CONNAIS, TOI.
C'EST VRAI CE QUE DIT ALEX ? ... JE VEUX PARLER DE VOTRE SUCCÈS AUPRÈS DES FEMMES.
JE SUIS COHEN.
JE COMPRENDS. ÇA VEUT DIRE QUE VOUS NE POUVEZ PAS REGARDER UNE FEMME NON JUIVE.
REGARDER, SI. AIMER, NON.
VOUS VOYEZ, QUOI QU'IL ARRIVE, NOUS RESTERONS DES CAMARADES DE COMBAT.
JE SUIS RASSURÉE.
EN ARRIVANT À NEW YORK, JE RETROUVAI UN PEU DE SÉRÉNITÉ DANS UN PETIT HÔTEL PRÈS DES LOCAUX DE LA BIBLICAL ARCHEOLOGICAL REVIEW.
HOTEL
MAIS, DANS LES JOURS QUI SUIVIRENT, JE TRAVERSAI DE NOUVEAU UNE PÉRIODE TRÈS DIFFICILE. JE DEVINS TRÈS AGITÉ. JE PASSAI DES NUITS ENTIÈRES SANS SOMMEIL.

JE PENSAIS QUE TOUT POUVAIT ADVENIR DE LA MAIN DE L'HOMME. LE PIRE COMME LE MEILLEUR. ET LES VERTUS NE SERAIENT JAMAIS RÉCOMPENSÉES ET LES CRIMES RESTERAIENT IMPUNIS. TOUT ÉTAIT ABSURDE. ALORS, À QUOI BON AGIR ?
PEUT-ÊTRE PARCE QU'IL ÉTAIT ENCORE PLUS ABSURDE DE NE PAS AGIR.
POUR M'OCCUPER L'ESPRIT, JE DÉCIDAI D'AIDER JANE À PRÉPARER LE COLLOQUE.
JANE FIT CIRCULER UNE INFORMATION CAPITALE QUI FUT AUSSITÔT RELAYÉE PAR TOUTE LA PRESSE.
OUI, C'EST EXACTEMENT CE QUE J'AI DIT : POUR LA PREMIÈRE FOIS, TOUS LES MANUSCRITS SERONT RÉUNIS ET TOUTE LA VÉRITÉ SUR QUMRAN SERA FAITE !
UN MATIN, LE TÉLÉPHONE SONNA. APRÈS AVOIR DÉCROCHÉ, JANE MIS AUSSITÔT SUR "HAUT-PARLEUR". ELLE MIT SA MAIN SUR LE COMBINÉ POUR S'ADRESSER À MOI.
...C'EST PIERRE MIQUEL.
...ET J'AI DÛ M'ENFUIR DE PARIS POUR ÉCHAPPER À MES POURSUIVANTS...
J'AI LU VOTRE ARTICLE DANS LE "TIMES". IL M'A DÉCIDÉ À VENIR À VOTRE COLLOQUE... J'Y RENDRAI PUBLIC LE CONTENU DU ROULEAU QUE J'AVAIS DÉCIDÉ DE DÉTRUIRE. C'EST LE SEUL MOYEN DE SAUVER MA VIE.
GÉNIAL ! ÇA A MARCHÉ !
ÇA AURA VRAIMENT MARCHÉ QUAND NOUS AURONS RETROUVÉ MON PÈRE.
39

NOUS LE RETROUVERONS SI NOUS METTONS LA MAIN SUR LE MANUSCRIT !
CE MANUSCRIT NE ME DIT PLUS RIEN SI JE NE DOIS PLUS REVOIR MON PÈRE.
NOUS LE RETROUVERONS, J'EN SUIS SÛRE, MAINTENANT.
SI C'EST LE CAS CE SERA GRÂCE À TOI... POURQUOI FAIS-TU TOUT ÇA POUR MOI ?
D'ABORD, C'EST AUSSI POUR MOI QUE JE LE FAIS. J'APPRENDS BEAUCOUP DE CHOSES QUI ME SERVIRONT, J'EN SUIS SÛRE.
... C'EST AUSSI PARCE QUE JE TIENS À TOI ... PEUT-ÊTRE PLUS QUE JE NE DEVRAIS.
LA RÉVÉLATION DES SENTIMENTS DE JANE À MON ÉGARD ME DÉSTABILISA COMPLÈTEMENT. ELLE ÉTAIT DIFFÉRENTE DES AUTRES FEMMES. NOUS AVIONS UNE RÉELLE COMPLICITÉ INTELLECTUELLE, VOIRE RELIGIEUSE. UNE VRAIE FRATERNITÉ D'ÂME, AUSSI.
ELLE N'ÉTAIT PAS COQUETTE, NE METTAIT PAS DE FARD ET LAISSAIT TOMBER SES LONGS CHEVEUX BLONDS SUR SES ÉPAULES. C'ÉTAIT UN ANGE. MAIS J'ESSAYAI DÉSESPÉRÉMENT DE ME PERSUADER QU'ELLE N'AVAIT PAS LA GRÂCE DES JANE JUIVES QUE LE RABBI ME DESTINAIT...
40

COMME POUR ME PROTÉGER, JE RETOURNAI AU GHETTO HASSIDIQUE DE NEW YORK.
YO
JE REVIS AINSI LE RABBI QUI NOUS AVAIT DÉJÀ REÇUS ET LUI FIS PART DE L'ENLÈVEMENT DE MON PÈRE ET DE MON DÉSARROI.
JE T'AVAIS PRÉVENU DU DANGER. MAIS BON. NE PERDS PAS ESPOIR ET PRATIQUE LA DEVEQOUT.
LA DEVEQOUT !... MAIS POURQUOI ?
POUR SAVOIR QUI ÉTAIT LA PERSONNE QUI VOUS SUIVAIT.
À QUOI LE RABBI FAISAIT-IL ALLUSION? ... AVAIT-IL PRESSENTI UN DANGER EN VOYANT QUELQU'UN NOUS SUIVRE?
LA DEVEQOUT ! ... LA DANSE HASSIDIQUE DE L'EXTASE.
LE VIN DOUCEREUX, L'ARDEUR DE LA DANSE ET LE RYTHME RÉGULIER DE LA MUSIQUE ME FIRENT RAPIDEMENT PERDRE TOUT CONTRÔLE DE MOI-MÊME...
41

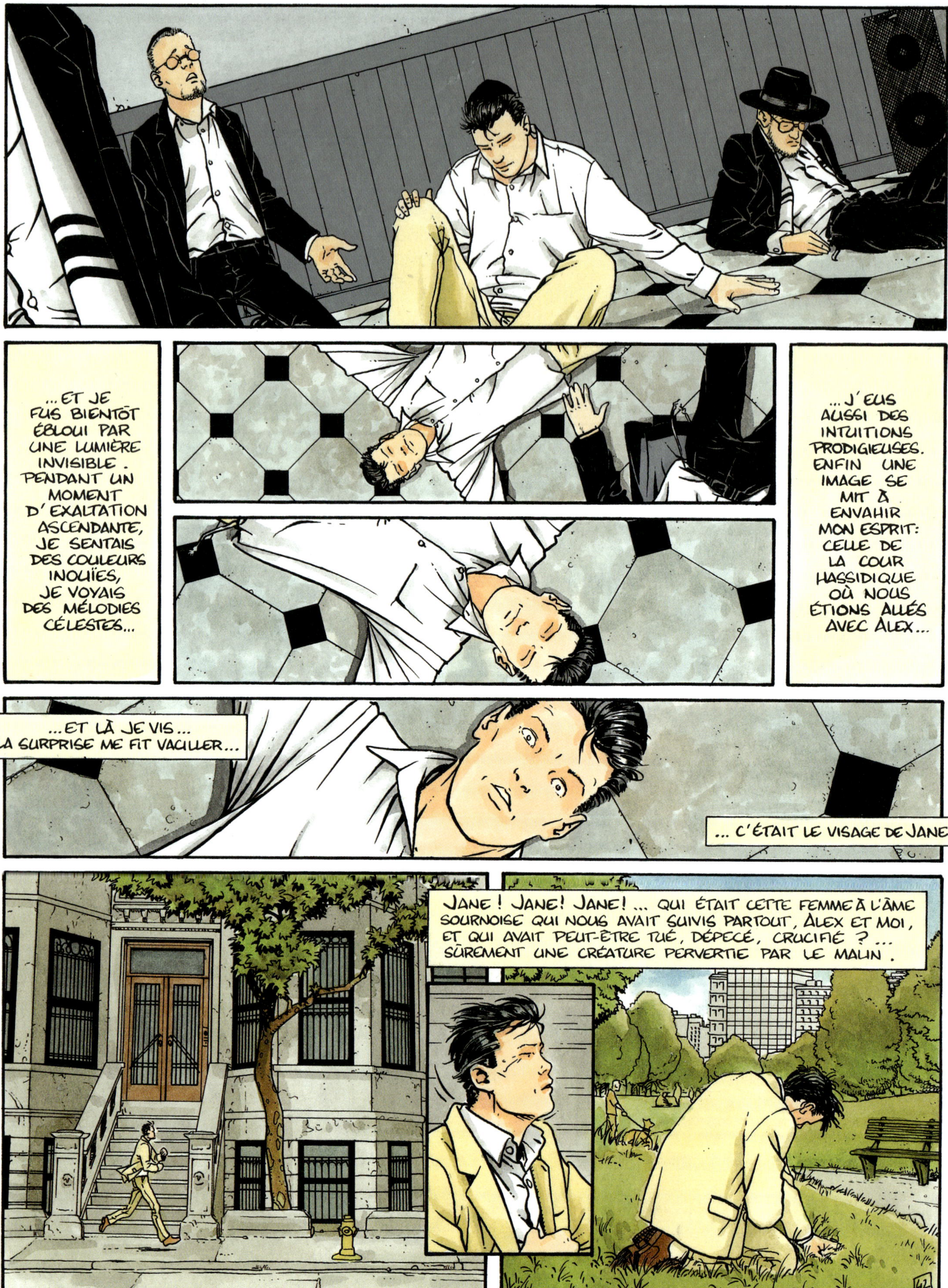
... ET JE FUS BIENTÔT ÉBLOUI PAR UNE LUMIÈRE INVISIBLE. PENDANT UN MOMENT D'EXALTATION ASCENDANTE, JE SENTAIS DES COULEURS INOUÏES, JE VOYAIS DES MÉLODIES CÉLESTES...
... J'EUS AUSSI DES INTUITIONS PRODIGIEUSES. ENFIN UNE IMAGE SE MIT À ENVAHIR MON ESPRIT: CELLE DE LA COUR HASSIDIQUE OÙ NOUS ÉTIONS ALLÉS AVEC ALEX...
... ET LÀ JE VIS... LA SURPRISE ME FIT VACILLER...
... C'ÉTAIT LE VISAGE DE JANE.
JANE! JANE! JANE! ... QUI ÉTAIT CETTE FEMME À L'ÂME SOURNOISE QUI NOUS AVAIT SUIVIS PARTOUT, ALEX ET MOI, ET QUI AVAIT PEUT-ÊTRE TUÉ, DÉPECÉ, CRUCIFIÉ ? ... SÛREMENT UNE CRÉATURE PERVERTIE PAR LE MALIN.
42

LE LENDEMAIN MATIN, JE DÉCIDAI DE L'ÉPIER.
7 OFF DUTY
SUIVEZ CE TAXI !
OFF DUTY 21.43 OFF DUTY
2L43
8Y27
BREAKFAST · LUNCH · DINN
FREE DELIVERY
NYC TAXI
8Y27
555-203
LIVERY 555
PUSH
SANDWICHES

SANDWICHES
SPECIAL MIX
RY 555-
JOHNSON !...
LA NUIT QUI SUIVIT FUT HORRIBLE.
CHERCHANT UN LIVRE, JE TOMBAI SUR UNE TRANSCRIPTION DES ÉCRITS DE QUMRAN. C'ÉTAIT LE "ROULEAU DE LA FEMME".
..."LA FEMME PROFÈRE DE VAINES PAROLES, ET DANS SA BOUCHE IL Y A PLÉNITUDE D'ÉGAREMENTS. SES YEUX FIXENT ICI ET LÀ, POUR REGARDER UN HOMME QUI EST JUSTE AFIN DE LE SÉDUIRE ET UN HOMME QUI EST FORT AFIN DE LE FAIRE TRÉBUCHER".
ROULEAU DE QUMRAN. PIÈGE DE LA FEMME.
QUMRAN
J'ÉTAIS À LA TORTURE. JE DÉCIDAI D'EN AVOIR LE COEUR NET, DÈS LE LENDEMAIN.
44

ÇA SUFFIT, MAINTENANT. JE SAIS TOUT. JE NE SAIS PAS CE QUE TU FAIS À LA B.A.R. JE NE SAIS PAS NON PLUS POUR LE COMPTE DE QUI TU AGIS, MAIS JE SAIS QUE TU NOUS AS SUIVIS DEPUIS NEW YORK, ALEX ET MOI.
...
C'EST... VRAI. JE... VOUS SUIS DEPUIS LE MOMENT OÙ VOUS ÊTES ALLÉS VOIR PAUL JOHNSON. JE SUIS SON ÉTUDIANTE. J'AI FAIT MA THÈSE AVEC LUI. C'EST LUI QUI M'A DEMANDÉ DE VOUS SUIVRE.
MAIS... MAIS POURQUOI?
IL DISAIT QUE VOUS ÉTIEZ DANGEREUX, QUE VOUS VOULIEZ REMETTRE EN CAUSE LES FONDEMENTS DU DOGME CHRÉTIEN, QU'IL FALLAIT ABSOLUMENT VOUS EMPÊCHER D'AGIR...
PAR TOUS LES MOYENS?
NON, BIEN ENTENDU. JE NE SAIS PAS QUI A ENLEVÉ TON PÈRE. JE LE JURE.
MAIS JOHNSON, S'IL NOUS A FAIT SUIVRE, PEUT AUSSI BIEN L'AVOIR FAIT ENLEVER!
JE ME SUIS POSÉ LA QUESTION. ET JE LA LUI AI POSÉE!... CE N'EST PAS LUI. CE N'EST PAS UN MÉCHANT HOMME. IL A SIMPLEMENT PEUR POUR SA FOI.
COMMENT POURRAIS-JE TE CROIRE, APRÈS TOUS CES MENSONGES?... POURQUOI NE PAS ME L'AVOIR DIT?
JE NE VOULAIS PAS PERDRE TA CONFIANCE. J'AVAIS PEUR... J'AVAIS PEUR DE TE PERDRE.
45

ELLE AVAIT PEUR DE ME PERDRE. QUE CES MOTS ÉTAIENT DOUX À MES OREILLES. COMME ÉTAIT DOUX L'AMOUR QU'ELLE ME PORTAIT.
OSERAI-JE L'AVOUER ?... PUIS-JE LE DIRE ?... ALORS MÊME QUE LA DISPARITION DE MON PÈRE M'ÉTAIT UN TOURMENT INSUPPORTABLE, JE LA DÉSIRAIS.
AVANT LA PRIÈRE, APRÈS L'ÉTUDE, JE LA DÉSIRAIS. PENDANT QUE JE MANGEAIS, EN ME LEVANT, EN ME COUCHANT, PENDANT QUE JE DORMAIS, J'INVOQUAIS SON NOM.
ALORS QUE LES MORTS S'ACCUMULAIENT AUTOUR DE NOUS, BLESSANT NOS COEURS ET SOUILLANT NOS ÂMES, JE LA DÉSIRAIS.
BIBLICAL ARCHAEOLOGY REVIEW
JE PRIAI INTENSÉMENT DANS L'ESPOIR DE FAIRE TAIRE MES SENTIMENTS ET DE RÉSISTER À LA TENTATION. EN VAIN.
LES MOTS, ICI, MONTRENT LEURS LIMITES. POURTANT JE NE PEUX LES RETENIR. JE VEUX ALLER JUSQU'À LA LISIÈRE DE L'AVEU, DE LA CONFESSION. CAR L'ÉCRITURE N'EST PAS MON EXUTOIRE, MAIS MA FAÇON DE ME PURIFIER. MON BAPTÊME, MA RÉDEMPTION.
JE VEUX TÉMOIGNER POUR QUE LES GÉNÉRATIONS SACHENT QUE C'EST AU SEIN DU MAL QUE L'ON PEUT DÉFIER DIEU POUR LE METTRE EN DEMEURE DE SE MONTRER, POUR VOIR JUSQU'OÙ IL LAISSERA FAIRE.
46
POUR L'AMOUR COMME POUR LA VÉRITÉ.